Traurig aber wahr!

Wie du im Leben alles verlierst, wenn du dich selbst nicht liebst!

Roberto Iaquinta

Bibliografische Information der Deutschen Nationalbibliothek:
Die Deutsche Nationalbibliothek verzeichnet diese Publikation
in der Deutschen Nationalbibliografie; detaillierte
bibliografische Daten sind im Internet über http://dnb.dnb.de
abrufbar.

© 2020 Roberto Iaquinta

Lektorat: Roberto Iaquinta
Korrektorat: Giovanna Iaquinta
weitere Mitwirkende: Enrico Iaquinta

Herstellung und Verlag: BoD – Books on Demand,
Norderstedt

ISBN: 9783751979443

WIDMUNG

Liebe senden, möchte ich an dieser Stelle erstmal an meine beiden wundervollen Töchter!

Ich möchte mich bei meiner Mama bedanken, dass Sie mich die letzen Wochen so sehr unterstützt hat und mich dazu ermutigt hat dieses Buch überhaupt zu schreiben.

Ebenfalls möchte ich mich bei meinem besten Freund Wolfi bedanken. Er weiß absolut alles über mich und hat mich trotz alle dem noch nie vor verschlossener Türe stehen lassen!

Besonders bedanken möchte ich mich auch bei meinem Chef und seiner Frau, die die letzten Wochen ebenfalls für mich da waren und mich unterstützt haben.

Ein großer Dank geht auch an meinen Bruder und die beiden Mütter meiner Töchter, sowie an meine Ex, ohne die es dieses Buch sehr wahrscheinlich niemals gegeben hätte und die mich so zu sagen zu dem gemacht hat, der ich heute bin! Erst durch die schmerzhafte Trennung und alles was im Anschluss passiert ist, konnte ich mich selbst reflektieren und verstehen, dass ich etwas ändern muss.

VORWORT

In der heutigen Zeit, gibt es für jeden Lebensbereich, einen Trainer oder einen YouTube Channel, der dir sagt, was du am Besten tun oder lassen solltest.

Oft sprechen Menschen dort aus jahrelangen Erfahrungen, die sie mit Klienten gemacht haben, doch ich möchte euch mit diesem Buch gerne jemanden zeigen, der diese Erfahrungen selbst alle gemacht hat.

Wenn ich euch etwas erzähle, dann sind es nicht irgendwelche Geschichten von anderen, sondern es sind meine Erlebnisse und Erfahrungen, die ich mit euch teilen möchte, um euch vor den gleichen Fehlern zu bewahren.

Es gibt unzählig viele Menschen da draußen, die alle ihre Probleme, jeden Tag mit sich herum tragen und sich wundern, wieso sich nie etwas in ihrem Leben ändert!

Es sind Probleme wie:

- Depressionen
- Erfolgreich Familie und Beruf zu vereinen
- Das zu finden wofür sein Herz wirklich schlägt
- Das Gefühl nicht angenommen zu sein

- Das Gefühl nicht verstanden zu werden
- Liebeskummer und Trauer
- Das Gefühl falsch zu sein
- Schulden
- Straftaten usw.

Es gibt so viele individuelle Probleme bei uns Menschen, die uns jeden Tag begleiten.

Und glaube mir, es gibt für jedes Problem eine Lösung und einen Menschen der dir dabei helfen kann.

Ich weiß, dass das in diesen Momenten immer komisch klingt und man sich manchmal auch eigentlich nicht helfen lassen will aber die Alternative ist, dass sich in deinem Leben wieder nichts ändert!

Genau das, worüber sich die meisten immer aufregen, dass sich nichts ändert, hängt von dir, deinem Willen und deinem Glauben an das Ganze ab!

In dem Film The Secret heißt es, was du aussendest, ziehst du an!

Denkst du also ständig an deine Probleme und deine Sorgen, wirst du auch nur Probleme und Sorgen bekommen.

Änderst du deine Einstellung aber und beginnst damit, dein Leben in den Griff zu bekommen, dann ändert sich auch dein Denken:

- Ich schaffe das alles!
- Ich bekomme mein Leben wieder in den Griff!

- Ich habe in 6 Monaten keine Schulden mehr
- Ich bekomme meine Gehaltserhöhung
- Ich finde eine Möglichkeit meinen Job und die Familie in Einklang zu bekommen
- Ich ziehe die Liebe meines Lebens an
- Ich bin wertvoll und werde geliebt
- Ich kann alles schaffen was ich will usw.

Wenn du beginnst so zu denken, wirst du genau diese Dinge in dein Leben ziehen.

Vielleicht nicht, weil du an das Universum oder an Gott glaubst, sondern weil du alleine durch die Kraft der positiven Gedanken, dein Wesen und deine persönliche Einstellung ändern wirst und somit etwas ganz anderes ausstrahlst als zuvor!

Du wirst beginnen Dinge in die Hand zu nehmen, weil du es dir wieder selber Wert bist und weil du merken wirst, dass es sich verdammt gut anfühlt, wenn man wieder einen Schritt weiter gekommen ist.

Und was das Thema Liebe angeht, kann ich dir nur sagen, dass du mit all deinen Problemen und deiner negativen Einstellung, nur dafür sorgst, dass sich jeder Partner auf kurz oder lang von dir distanziert.

Änderst du dein Leben und deine Einstellung, wird es auch in der Liebe zu dir und somit auch mit der Liebe zu deinem Partner funktionieren!

So und nun genug der vielen Worte!

Ich wünsche dir viel Spaß mit meinem Buch!

Dein Roberto

Traurig aber wahr!

Wie du im Leben alles verlierst wenn du dich selbst nicht liebst!

Kapitel 1: Meine Kindheit

Kapitel 2: Verrat und Verlust

Kapitel 3: Erste Liebe

Kapitel 4: Lehre und erster Job

Kapitel 5: Vaterglück und Spielsucht

Kapitel 6: Spielsucht und Kriminalität

Kapitel 7: Mein Vater (Erzeuger)

Kapitel 8: Versöhnung mit meinem Stiefvater

Kapitel 9: Vaterglück Teil 2

Kapitel 10: Schicksal und Schicksalsschlag

Hallo liebe Leserinnen und Leser,

ich heiße Roberto und bin 34 Jahre alt.

Ich habe dieses Buch geschrieben, um anderen Menschen mein Schicksal zu ersparen und um, vielleicht für ein paar von euch, eine Inspiration zu sein!

Wie ihr dem Titel bereits entnehmen könnt, ist die Geschichte die ich euch gleich erzählen werde teilweise wirklich traurig und man denkt sich immer wieder, wie kann man nur so dumm sein aber sie ist wahr!

Wo wir gerade beim Thema sind:

Das mit der Wahrheit habe ich früher leider auch nicht immer ganz so ernst genommen!

Aber ich würde sagen, wir beginnen einfach gleich ganz am Anfang der Geschichte und ihr bildet euch einfach euer eigenes Urteil!?

Jedenfalls würde ich mich über ein Feedback von euch allen sehr freuen und wünsche euch nun viel Spaß beim Lesen!

Euer Roberto

!

Dieses Buch hat mir dabei geholfen, alles zu verarbeiten und endlich loslassen zu können!

Ich habe die Liebe zu mir selber wieder gefunden und konnte dadurch, mein Leben wieder in den Griff bekommen.

Ich möchte euch mit diesem Buch nicht bevormunden, sondern euch zeigen, was man erreichen kann, wenn man sich nicht aufgibt und die Liebe zu sich selber wieder findet!

Kapitel 1

Meine Kindheit

Was ich von meinem leiblichen Vater, aus der Kindheit noch weiß, kenne ich nur aus einem Video oder aus Erzählungen.

Ich sah mich als kleines Kind in unserem Restaurant mit einem Polizeimotorrad herum fahren.

Ich singe einen Song von David Hasselhof und sehe eigentlich immer glücklich aus.

Außerdem hat mir meine Mutter erzählt, dass mein Vater mir und auch ihr versucht hat immer jeden Wunsch zu erfüllen!

Leider war es auch bei meinem Vater so, dass er mehr Schein als Sein war!

Bis dahin klingt eigentlich alles noch ziemlich gut.

Dann trennten sich meine Eltern!

Meine Mutter lernte dann irgendwann meinen Stiefvater kennen und von da an begann die Geschichte sich zu verändern.

Mein Bruder wurde ein paar Jahre später geboren und plötzlich war ich nur noch die Nummer 2.

Vielleicht war es Eifersucht aber ich hatte immer das Gefühl nicht oder weniger geliebt zu werden.

Das ist auch der Grund dafür gewesen, warum ich angefangen habe, mich ständig zu streiten und immer zu bocken.

Und dann begann die traurige Geschichte!

Ich wurde regelmäßig geschlagen und bestraft und bekam dadurch immer mehr das Gefühl nicht geliebt zu werden!

Außerdem konnte ich einfach nicht verstehen, wie meine Mutter es zulassen konnte das mir so etwas angetan wurde!

Ich hatte immer häufiger das Bedürfnis meinen Vater zu sehen weil ich hoffte das er mir helfen kann!

Doch dazu kam es nie, da er nicht gerade der Vater war, auf den man sich verlassen konnte und der sein Wort hielt!

Als ich dann in die Schule kam, hatte ich das Glück, dass meine Mutter Vollzeit gearbeitet hat und ich irgendwie betreut werden musste.

Wie es der Zufall so wollte, hatten wir Nachbarn, die sich immer eigene Kinder gewünscht hatten aber keine bekommen konnten.

Die beiden waren bereits Rentner und hatten somit die Zeit und die Möglichkeit die Betreuung zu übernehmen.

Und genau so war es dann.

Ich ging Mittags nach der Schule zu Tante Inge und Onkel Erwin und bekam dort ein leckeres Essen, machte meine Hausaufgaben und bekam das, was mir so lange gefehlt hatte!

Liebe und Aufmerksamkeit!

Ich fühlte mich dort immer wohler und wir verbrachten bald mehr Zeit miteinander als nur die paar Stunden nach der Schule.

Ich ging jeden Abend runter um mit ihnen gemeinsam Fernsehen zu schauen oder Spiele zu spielen.

Zusätzlich unternahmen die beiden sehr häufig etwas mit mir am Wochenende.

Sie trösteten mich wenn ich geweint habe egal ob ich nur traurig war oder mal wieder geschlagen wurde.

Es waren einfach gute Menschen!

Dann gab es da noch Michael.

Meinen besten Freund, mit dem ich meine komplette Freizeit verbracht habe.

Wir gingen jeden Tag raus und spielten Fußball und waren einfach nur glückliche Kinder.

Wir waren im selben Verein und waren sehr oft auch bei Michael und seinen Eltern zu Hause.

An und für sich klingt meine Kindheit bis auf die Schläge und die Enttäuschung über diesen Verrat eigentlich ganz in Ordnung oder?

Doch was dazwischen passiert ist wirft ein komplett anderes Bild auf die Geschichte!

!

Eifersucht und Neid fressen einen Menschen nach und nach auf!

Empfinde immer Liebe und Achtung für andere dann bekommst du auch immer Liebe und Achtung zurück!

Verarbeite deine Vergangenheit, denn dein inneres Kind wird so lange keine Ruhe finden, bis du es getan hast!

GIB NIE ETWAS AUF, AN DAS DU **JEDEN TAG** DENKEN MUSST.

Kapitel 2:

Verrat und Verlust

Was in Kapitel 1 noch ganz ok klang, wird jetzt eine dramatische und traurige Wendung nehmen.

Beginnen wir bei Michael und mir:

Im Laufe der Zeit entwickelte ich auch eine Eifersucht gegen Michael.

Michael hatte alles das was ich gerne gehabt hätte und trotzdem drängte er sich bei jeder Gelegenheit in das kleine bisschen das ich hatte.

Michael´s Eltern waren absolut liebevoll und fürsorglich.

Sie ermöglichten Michael und seiner Schwester alles und behandelten die beiden mit liebe und Respekt.

All das was ich mir wünschte aber in meinen Augen nicht bekam!

Diese Wut sorgte dafür, dass ich früher sehr gerne zugeschlagen habe und auch wirklich sehr böse zu anderen Kindern oder auch Lehrern war.

Michael und ich fingen bereits mit 10 Jahren an uns heimlich Zigaretten zu kaufen und zu rauchen.

Ich erforschte meine Sexualität und fing bereits mit 10 Jahren an mich regelmäßig selbst zu befriedigen.

Ich entdeckte auch das mich Brüste sehr erregen und wurde sehr Busenfixiert!

Außerdem entdeckte ich das mich Berührungen erregen und versuchte mir diese auch zu holen.

Und hier beginnt die Geschichte mit Tante Inge und Onkel Erwin:

Tante Inge hatte sich sicherlich nichts dabei gedacht, aber fast jeden Abend streichelte sie mir den Rücken und die Brust was mich immer sehr erregte.

Außerdem hatte Tante Inge kein Problem damit das ich sie auch streichelte und ihren großen Brüsten beim Streicheln immer sehr nahe kam.

Onkel Erwin war zu dieser Zeit immer im zweiten Fernsehzimmer und bekam davon natürlich nie etwas mit.

Davon abgesehen sollte er es auch nicht wissen.

Nach den Streicheleinheiten bin ich natürlich immer erstmal auf die Toilette gegangen da ich so erregt war das ich erstmal Abhilfe schaffen musste.

Nur ein einziges mal hat Tante Inge dies für mich erledigt, was dann aber dafür sorgte, dass danach nie wieder etwas passiert ist und ich immer seltener runter gegangen bin.

Zusätzlich zu dem Ganzen habe ich irgendwann angefangen die beiden zu bestehlen.

Sie hatten im Fernsehzimmer einen Schrank in dem sich ein Umschlag mit mehreren tausend Mark befand.

Ich nahm mir am Anfang nur 100 Mark aus dem Umschlag.

Da es keiner bemerkte und ich festgestellt habe das der Umschlag regelmäßig wieder aufgefüllt wird, begann ich wahr los in den Umschlag zu greifen und jedes mal gleich mehrere hundert Mark zu stehlen.

Irgendwann kam das Ganze natürlich raus und ich stritt alles ab!

Es wurde danach nie wieder darüber gesprochen aber ich ging auch nicht mehr zu den Beiden.

Außerdem wurde Tante Inge genau zu dieser Zeit sehr krank und starb kurze Zeit darauf!

Ich wollte nicht zur Beerdigung gehen weil ich mich so sehr geschämt habe aber natürlich war ich gemeinsam mit meiner Mutter dort.

Danach habe ich nie wieder mit Onkel Erwin gesprochen und zu meinem Glück sind wir dann auch umgezogen und ich begann meine Ausbildung.

20 Jahre später habe ich versucht Kontakt zu Onkel Erwin aufzunehmen um mich bei ihm für alles zu entschuldigen.

Er wollte aber nichts mehr von mir wissen und nahm meine Entschuldigung nicht an!

Wie ihr also sehen könnt, kann sich etwas das sich anfangs noch ganz ok angehört hat, sehr schnell verändern!

Wir sprechen hier von einer Sexsucht und vielleicht sogar von sexuellem Missbrauch!

Von Diebstahl, lügen und Eifersucht!

Und das alles in der Zeit zwischen meinem zehnten und vierzehnten Lebensjahr.

!

Bereits ab meinem 10ten Lebensjahr entwickelte ich meine erste Sucht und fand Bestätigung darin, mir mit Geld alles kaufen zu können.

Das dieses Geld nicht meines war, hatte mich damals nicht interessiert!

Aus dieser Spirale, aus Lügen und Straftaten wieder zu entkommen, ist ohne Hilfe und ohne die Einsicht etwas falsch gemacht zu haben, fast unmöglich!

Kapitel 3

Erste Liebe

Da kam sie also, meine erste große Liebe!

Angela war 3 Jahre älter als ich und hatte genau das, was mich damals bei einer Frau am meisten interessiert hat.

Weibliche Kurven und rießen große Brüste.

Nach ein paar Monaten hatten wir das erste mal Sex und nach dem ersten Mal gab es absolut kein Halten mehr!

In den 2 Jahren in denen wir zusammen waren, hatten wir jeden Tag an dem wir uns gesehen haben mehrmals Sex und verbrachten eigentlich unsere komplette Zeit im Bett oder unter der Dusche.

Es war eigentlich perfekt, also zumindest für jemanden, der nichts anderes als Sex im Kopf hat.

Doch dann sollte alles anders kommen.

Angela lernte beim Richtfest des neuen Hauses ihrer Eltern einen der Handwerker besser kennen und verschwand mit ihm für mehrere Stunden.

Als sie wieder zurück war, sagte sie mir das sie sich nur unterhalten haben und das ich mir keine Sorgen machen muss.

Ich glaubte und vertraute ihr natürlich und somit war die Sache für mich erledigt.

2 Wochen nach dem Vorfall versuchte ich Angela zu erreichen.

Doch über mehrere Stunden leider ohne Erfolg!

Ich rief dann bei ihr zu Hause an und hatte ihre Schwester am Telefon.

Die teilte mir mit, dass Angela mit dem Handwerker im Kino ist und sie sich bereits mehrmals getroffen haben.

Für mich brach in diesem Moment eine Welt zusammen!

Die Frau die ich so sehr geliebt habe, hat mich einfach betrogen!

Ich konnte es einfach nicht verstehen!

Heute verstehe ich, dass eine Beziehung nun mal aus mehr besteht als gutem Sex!

Eine Frau wünscht sich einen Mann auf den sie sich verlassen kann!

Einen Mann der mit beiden Beinen im Leben steht und der ihr eine Stütze ist!

Jemanden an dem man sich anlehnen kann und auch wenn es wie ein Klischee klingen mag, zu dem man aufsehen kann!

Denn gegenseitiger Respekt und Ehrlichkeit sind absolut wichtig für eine funktionierende Beziehung!

!

Eifersucht und Verlustangst waren damals komplett unbekannt für mich.

Doch nach dem was mir hier passiert ist, wurde ich vorsichtiger.

Ich war in den folgenden Beziehungen nicht eifersüchtig aber ich konnte auch nicht mehr zu 100 Prozent vertrauen.

Doch ohne Vertrauen ist eine Beziehung eigentlich bereits zum Scheitern verurteilt.

Spätestens nach der absoluten Verliebtheitsphase, beginnt die Fassade langsam zu bröckeln.

Wenn du damit nicht abschließen kannst, wird jede Beziehung daran kaputt gehen!

Respekt und Vertrauen sind in einer Beziehung mindestens genauso wichtig, wie ein Partner, der mit beiden Beinen fest im Leben steht und auf den man sich immer verlassen kann.

Keine Frau möchte einen Mann, den SIE erst noch erziehen oder um alles 100 mal bitten muss!

Kapitel 4

Lehre und erster Job

Ich hatte großes Glück!

Ich bekam eine Lehrstelle als Energieelektroniker bei den Stadtwerken Augsburg.

Ein Arbeitgeber, von dem sich viele gewünscht hätten, dort anfangen zu dürfen.

Anfangs machte mir die Lehre auch wirklich sehr viel Spaß, doch als ich merkte das ich in der Schule absolut nicht hinterher kam, entwickelte ich immer mehr das Gefühl, dass dieser Job nicht das Richtige für mich ist!

Nach ein paar Abmahnungen und einer Spritztour mit einem Firmenwagen (ohne Führerschein) wurde ich gekündigt und stand auf einmal mit nichts da!

Der Druck und der Ärger den ich dadurch zu Hause hatte war nicht auszuhalten, weshalb ich mir auf die schnelle einen Job und eine eigene Wohnung suchte und sofort ausgezogen bin!

Und wie ihr euch jetzt vielleicht denken könnt, begannen die wirklichen Probleme erst jetzt!

Ich fand einen Job in einem Handyladen direkt in der Innenstadt von Augsburg.

Nach dem ersten Probe Tag war klar, dass mich der Inhaber sofort haben will.

Ich war charmant und hatte ein Talent dafür, mit Menschen zu sprechen und zu verkaufen!

Nach nur einem halben Jahr, hat mir der Inhaber angeboten den Laden zu übernehmen und dumm und naiv wie ich war nahm ich das Angebot natürlich sofort an!

Für die Übernahme wurden anschließend alle Verträge aufgesetzt, die ich natürlich ohne zu zögern unterschrieben habe.

Doch da gab es natürlich ein Problem.

Zum einen wurde vertraglich vereinbart, dass ich mehrere tausend Euro an den Inhaber bezahlen muss, die ich natürlich nicht hatte und zum anderen habe ich mir absolut keine Gedanken über die Folgekosten gemacht!

Es kam wie es kommen musste!

Ich machte mehrere Verträge auf meinen Namen und auf erfundene Namen um die Geräte zu verkaufen.

Bestellte eine Kreditkarte und nutzte den kompletten Kreditrahmen aus und verkaufte sogar Geräte aus dem Lagerbestand um irgendwie an das Geld zu kommen.

Als der Inhaber des Ladens der ganzen Sache auf die Schliche gekommen ist, zerstörte er alle existierenden Unterlagen inklusive meiner Ausfertigungen, die ich zu diesem Zeitpunkt in einem Ordner im Laden aufbewahrt hatte und verständigte die Polizei.

Nach einer Hausdurchsuchung und unzähligen Stunden bei der Polizei gestand ich alles und wurde anschließend zu einer Bewährungsstrafe verurteilt!

Und hier stand ich nun wieder, mit nichts, weil ich es wieder mal geschafft habe, alles kaputt zu machen!

Mal davon abgesehen, dass ich auch die Miete für meine Wohnung nicht mehr bezahlt habe und auch da schon bald vor dem nächsten Problem stand!

Ein ewiger Kreislauf, der aber leider noch nicht zu Ende war!

> !
>
> *Und hier haben wir wieder die Bestätigung!*
> *Wenn du nicht an dir arbeitest und dir nicht helfen lässt,*
> *landest du immer wieder am selben Punkt!*
>
> *Was in diesem Kapitel ebenfalls wichtig ist, ist dass man*
> *niemals nur wegen Geld oder einem gewissen Status, einfach*
> *blind irgendwelche Verträge unterzeichnen sollte!*

Kapitel 5

Vaterglück und Spielsucht

An dieser Stelle überspringen wir mal die Beziehungsdetails, denn wie ihr euch inzwischen denken könnt, habe ich mich auch in dieser Beziehung nicht mit Ruhm bekleckert.

Trotzdem haben wir eine wunderschöne und wundervolle Tochter zusammen bekommen und eines könnt ihr mir glauben, es gibt nichts schöneres und aufregenderes als bei der Geburt seines Kindes dabei zu sein!

Ich war absolut glücklich und zum vielleicht ersten mal in meinem Leben zufrieden!

Ich liebt es nachts aufzustehen und mein Baby zu wickeln und zu füttern.

Es gab einfach keinen größeren Schatz als sie!

Doch dann kam was kommen musste.

Die Beziehung litt immer mehr unter allen Problemen und sorgen und um meine Familie nicht zu verlieren und um irgendwie zu Geld zu kommen, entdeckte ich das Spielen für mich!

Anfangs waren es nur ein paar Euro aber im Laufe der Zeit wurden es mehrere hundert Euro.

Es gab Phasen da habe ich immer wieder gewonnen und wir konnten uns dadurch sehr viel leisten aber leider gab es auch Phasen in denen ich alles verzockt habe und wir quasi mit nichts da standen!

Zu den Schulden die ich bereits aus meiner Straftat aus dem vorherigen Kapitel hatte, kamen also noch mehr Schulden dazu!

Wieder konnte ich die Miete nicht bezahlen und wieder standen wir vor einem Problem, dass ich ja leider nur schon zu gut kannte!

Wir fanden dann zwar eine neue Wohnung aber kurze Zeit darauf trennten wir uns, weil ich der Meinung war, dass ich mich in eine andere verliebt habe und es mir dort besser gehen würde!

Im Nachhinein betrachtet, war die Trennung unvermeidbar aber die Art und Weise wie es zur Trennung kam und wie ich mich im darauffolgenden Jahr verhalten habe, bedauer ich zutiefst!

An dieser Stelle möchte ich mich aufrichtig bei meiner Ex und meiner Tochter entschuldigen und gleichzeitig auch bedanken!

Ihr seid immer zu mir gestanden in den ganzen Jahren, ganz egal was ich gemacht habe!

Außerdem möchte ich mich bei Holger bedanken.

Dem neuen Mann meiner Ex, der seit Jahren meine Tochter wie seine eigene angenommen hat und grundlegend dazu beigetragen hat, dass meine Tochter heute so ist wie sie ist.

Was das Thema Spielsucht angeht, erfahrt ihr im nächsten Kapitel, dass dies nur der Anfang war und ich dadurch fast ins Gefängnis gekommen wäre!

Kapitel 6

Spielsucht und Beschaffungskriminalität

Wie bereits angekündigt, hat das Thema Spielsucht mich auch weiterhin in meinem Leben begleitet.

Auf der Suche nach einem neuen Job, hatte ich damals wieder mal großes Glück!

Ich fand ein Sicherheitsunternehmen, dass ganz in meiner Nähe Mitarbeiter suchte und sogar die Prüfung für das Sicherheitsgewerbe nach Paragraph 34a bezahlte.

Ich fing also dort an und bestand als Einziger von 3 Leuten die Prüfung.

Ich wurde dann anfangs als stellvertretender Objektleiter und im Anschluss als alleiniger Objektleiter in einem großen Elektronikmarkt in Augsburg eingesetzt.

Die Arbeit machte mir sehr viel Spaß und ich dachte, endlich etwas gefunden zu haben, das mich erfüllt und glücklich macht!

Doch getrieben von der Spielsucht und dem ständigen Drang nach einem großen Gewinn, stand ich bald wieder vor einem sehr großen Problem.

Wieder hatte ich meinen kompletten Lohn verspielt und wieder hatte ich meine Miete nicht bezahlt!

Und wie es im Leben nun mal so ist, zieht man immer genau das an, dass man visualisiert und braucht!

Leider unabhängig davon ob es gut oder schlecht für einen ist!

Ich lernte also einen jungen Mann beim Spielen kennen, nennen wir ihn mal Mister X.

Und Mister X fragte was ich beruflich mache und wir unterhielten uns ziemlich lange.

Dann machte mir Mister X einen Vorschlag, der alle meine Probleme zu lösen schien.

Ich besorgte ihm ein paar Laptops, Spielekonsolen und Fernseher und er bezahlte alles sofort in Bar.

Durch die recht hohe Diebstahlrate in so einem großen Geschäft, viel das auch die ersten Wochen tatsächlich absolut nicht auf.

Doch nach dem es irgendwann aufgefallen war, beauftragte das Unternehmen heimlich eine Detektei um der Angelegenheit auf die Schliche zu kommen.

Eines Abend erhielt ich also einen Anruf von einem Kollegen der mich bat, ihm kurz meinen Schlüssel zu geben, da er seinen leider vergessen hatte und deshalb nicht zusperren konnte.

Er bat mich den Schlüssel runter zu bringen, da er bereits unten auf mich warten würde.

Als ich unten ankam, warteten dort bereits der Kollege und der Chef des Sicherheitsunternehmens auf mich, die mich baten mit ihnen mit zu kommen.

Auf dem Weg zur Polizei riet mir mein Chef geständig zu sein, da sich dies strafmildernd auswirken würde!

Bei der Polizei angekommen, legte ich ein vollumfängliches Geständnis ab und erhielt auch hierfür später eine Bewährungsstrafe!

Zusätzlich zu den bereits vorhandenen Schulden kamen dann noch natürlich die Schulden durch den entstanden Schaden hinzu!

Alle Menschen mit denen ich zum damaligen Zeitpunkt zu tun hatte, wollten dann natürlich auch nichts mehr von mir wissen und ich stand wie immer komplett alleine und mit absolut nichts da!

Ich lebte einige Tage auf der Straße bis mir mein Bruder eine Pension bezahlt hat.

Ich suchte mir dann einen Job und hatte bereits nach kurzer Zeit eine Stelle in einem Call Center gefunden.

Und dort begann sich alles zum Guten zu wenden...
Zumindest erstmal!

!

Spielsucht ist ein Thema, dass heute weit verbreitet ist und über das aber nur ganz selten gesprochen wird.

Wer Spielsüchtig ist, ist wie bei jeder anderen Sucht davon abhängig, diese Such als solche zu erkennen und dann auch dementsprechend zu handeln.

Aus eigener Erfahrung kann ich sagen, dass man nicht ohne Hilfe und ohne Selbsteinsicht aus diesem Teufelskreis entkommen kann.

Ich weiß, jeder Spieler denkt sich jetzt wahrscheinlich:

„Ich habe es aber unter Kontrolle!"

„Ich kann auch mal ein paar Wochen nicht zum spielen gehen!"

Aber sind wir doch mal ehrlich.

Wieso gehst du nicht zum Spielen?

Weil du kein Geld mehr hast oder weil es dir gerade gut geht.

Sei es weil du eine neue Partnerin hast, mit der du die Zeit viel lieber verbringst oder ein neues Hobby oder einen neuen Job angefangen hast.

Doch nach einiger Zeit, wenn dich der Alltag wieder eingeholt hat, kommt auch wieder das Verlangen und die Sucht.

Am Anfang sind es vielleicht nur 50€ und es wirkt so als hättest du es unter Kontrolle aber schon kurze Zeit darauf sind es wieder mehrere hundert Euro und es beginnt alles wieder von vorne.

Die Lügen und die Heimlichkeiten, da du plötzlich wieder ohne Geld da stehst.

Vielleicht leihst du dir dann etwas, damit es im ersten Moment nicht auffällt aber irgendwann kommt es raus und dann zerstörst du alles, was du dir bis dahin aufgebaut hast.

Hilfe und Informationen zum Thema Spielsucht findest du im Internet unter:

<u>www.bzga..de</u>

Wenn du dein Leben wirklich ändern willst, dann beweise Stärke und lass dir helfen!

Kapitel 7

Mein Vater (Erzeuger)

Kommen wir zu einem Thema, dass unglaublicher nicht sein kann.

Mal davon abgesehen, dass auf meinen "Vater" absolut kein Verlass war und ich oft voller Freude und Hoffnung darauf gewartet habe, dass er mich abholt, gibt es da eine Geschichte, auf die ich in diesem Buch näher eingehen möchte.

Was mir da wiederfahren ist, ist an Dreistigkeit und Frechheit nicht zu überbieten!

Irgendwann nach der Trennung von der Mutter meiner ersten Tochter, arbeitete ich für einen O2 Shop in einer Stadt, die ca. 1,5 Stunden von meinem Heimatort entfernt ist.

Um nicht ständig hin und her fahren zu müssen, bezahlte mir mein Arbeitgeber dort eine kleine Ferienwohnung.

Somit stand meine eigene Wohnung, eigentlich bis auf die paar mal im Monat wo ich dort war, immer leer.

Als mich also eines leiben Tages die Tochter meines Erzeugers aus erster Ehe anrief und mich darum gebeten hat ob ich unseren Vater nicht bei mir aufnehmen kann, habe ich aus Gutmütigkeit und Mitleid zugestimmt.

Sie erzählte mir, dass sich seine Lebensgefährtin von ihm getrennt hat und er auf Grund einer längeren Krankheit, auch weder einen Job noch Geld hat.

Ich ließ ihn also erstmal zu mir nach Weilheim bringen und kümmerte mich darum, dass er dort einen Platz zum Schlafen und jeden Tag etwas zu Essen hatte.

Nach ca. 2 Wochen, fuhren wir dann gemeinsam in meine Wohnung.

Ich bot ihm an, hier bleiben zu können, da ich sowieso so gut wie nie da war und ich auch ganz ehrlich gestehen muss, dass ich mir die zusätzliche Belastung und die zusätzlichen Kosten durch in, nicht mehr länger antun wollte.

Es schienen alle Probleme gelöst zu sein und ich war glücklich und froh, dass ich helfen konnte.

Doch was nach 6 Monaten passiert ist, war so unglaublich, dass es mir heute noch die Sprache verschlägt.

Ich verlor den Job bei O2, weil ich mir auch dort mal wieder etwas zu Schulden kommen lassen habe.

Ich musste also wieder zurück zu mir in die Wohnung und wiedermal versuchen von vorne anzufangen.

Als ich Abends an der Wohnung angekommen bin, wollte ich nichts weiter, als einfach nur meine Sachen auspacken, etwas essen und schlafen gehen.

Ich stand also an der Türe und steckte den Schlüssel ins Schloss, doch irgendwie drehte sich der Schlüssel nicht.

Ich versuchte es nochmal und wunderte mich zwar, habe mir aber erstmal noch nichts weiter dabei gedacht.

Nach dem ich gehört habe, dass der Fernseher in der Wohnung an ist, habe ich also geklingelt.

Mein "Vater" öffnete die Türe.

Seine erste Frage war: „Was machst du denn hier?"

Als ich ihm sagte, dass ich wieder zurück bin und auch hier bleibe, erlebte ich mein blaues Wunder!

Er teilte mir mit, dass er sich zwischenzeitlich mit der Vermieterin angefreundet hatte und nach dem er die ganze Zeit nichts mehr von mir gehört hat, hat er dieser mitgeteilt, dass ich nicht mehr zurück kommen werde.

Daraufhin haben die beiden einen neuen Mietvertrag aufgesetzt und er war nun ganz offiziell der neue Mieter meiner Wohnung.

Und als ob das nicht reichen würde, teilte er mir auch noch mit, dass es ihm nicht recht ist, dass ich da bin und das ich doch bitte schauen soll, dass ich innerhalb der nächsten Tage eine neue Bleibe finde.

Da stand ich nun also!

Vom eigenen "Vater" verraten und hintergangen und ohne Plan wie es nun weiter gehen soll.

In den darauffolgenden Tagen, kümmerte ich mich also wieder mal darum, mir eine Bleibe zu suchen und einen Job zu finden.

Und wieder hatte ich großes Glück und fand sowohl ein kleines Zimmer, als auch einen sehr interessanten Job in einem großen Call Center, mit der Option auf die Stelle als Trainer für Verkauf und Kommunikation.

Nach diesem Vorfall habe ich bis auf die Nachricht, dass mein "Vater" auf Grund mehrerer Schlaganfälle in einem Pflegeheim liegt, nichts mehr von ihm gehört.

Nach dem ich ein sehr empathischer Mensch bin und er mir trotz alle dem sehr leid getan hat, besuchte ich ihn an Weihnachten in dem besagten Pflegeheim.

Nach dem ich dort 2 Stunden lang versucht habe ihm zu erklären, wer ich eigentlich bin, bin ich gegangen und habe dann erst wieder etwas gehört, als es hieß das er gestorben ist.

Kapitel 8

Versöhnung mit meinem Stiefvater

Ja auch das habe ich getan.

Ich wollte die Vergangenheit einfach ruhen lassen und mich mit meinem Stiefvater aussprechen und versöhnen.

Ich lud ihn also eines Tages in eine Bar auf ein Bier ein und teilte ihm mit, dass ich mich gerne mit ihm unterhalten würde.

Er kam zum vereinbarten Zeitpunkt zu mir in den Laden und wir gingen gemeinsam in die Bar.

Bei einem Bier fragte ich ihn dann wieso er mich damals immer geschlagen hat und ob er mich überhaupt jemals lieb gehabt hat.

Warum er mich genau geschlagen hat, konnte er mich nicht wirklich beantworten aber er entschuldigte sich dafür und sagte mir auch, dass er mich natürlich lieb gehabt hat.

Für mich war mit dieser Aussage die Sache erledigt und ich freute mich darüber, dass dieses Thema endlich aus der Welt geschafft war.

In den darauffolgenden Jahren, pflegten wir einen guten und regelmäßigen Umgang miteinander.

Sogar als sich meine Mutter und er getrennt haben, hielten wir weiterhin Kontakt.

Als meine zweite Tochter auf die Welt kam, wurde der Kontakt sogar nochmal intensiver und regelmäßiger, da er die Kleine über alles liebte und mich und die Mama der Kleinen regelmäßig zu sich einlud.

Es war also im Laufe der Jahre ein wirklich gutes Verhältnis geworden, dass aber wie sich später rausstellte, weniger mit mir als mit meiner Tochter zu tun hatte.

Doch dazu werdet ihr im letzen Kapitel noch mehr erfahren und dann auch verstehen, was ich mit dieser Aussage genau meine.

!

Es gibt Eltern, die ihre Kinder vernachlässigen oder verlassen.
Es gibt Partner, die betrügen, verletzen und misshandeln.
Es gibt Freunde, die verleumden und das Vertrauen missbrauchen.
Es gibt Menschen, die Böses tun, um anderen Schaden zuzufügen, manche unbewusst, manche mit voller Absicht.

Und höchstwahrscheinlich hast du etwas davon schon mal erlebt.

Und es wird wieder passieren, so sehr ich mir das Gegenteil für dich wünschen würde.

Solche Erfahrungen sind nicht nur enorm schmerzhaft im Augenblick, sondern haben oft Konsequenzen, die weit in die Zukunft hineinreichen.

Manche böse Handlung tut nicht nur momentan weh, sondern hinterlässt tiefe Wunden.

Manche Verletzung bewirkt konkrete Veränderungen in deinem Leben.

Machmal entsteht tatsächlicher Schaden, der Auswirkungen auf dein gesamtes Leben hat, sei es familiär, sei es finanziell, sei es umstände mäßig, beziehungstechnisch: so richtig konkret praktisch.

Weit über das Weinen und das gebrochene Vertrauen hinaus

musst du eventuell mit großen Lebensveränderungen zurecht kommen – und das nicht, weil du es so entschieden hast und so wolltest, sondern weil die Handlung von jemand anderem dir keine Wahl lässt.

Kapitel 9

Vaterglück Teil 2

Als am 17.09.2013 meine zweite Tochter das Licht der Welt erblickte, war eigentlich alles perfekt.

Ich sah diesen wunderschönen kleinen Engel und war einfach nur von Glück erfüllt.

Natürlich hatten wir zu Hause schon alles für unsere Kleine vorbereitet und eingerichtet und ich konnte es kaum erwarten, bis die Kleine endlich nach Hause kommen durfte.

Und da ging es wieder los...

Wickeln, füttern, singen und in den Schlaf schaukeln.

Einfach nur herrlich!

Ich habe diese Zeit absolut genossen und jeder von euch der bereits Kinder hat, weiß genau wovon ich spreche.

Und jeder von euch, der noch keine Kinder hat, dem wünsche ich von Herzen, dass er das einmal erleben darf!

Es gibt keine aufrichtigere und ehrlichere Liebe zu einem anderen Menschen als zu deinem eigenen Kind.

!

Die Rolle der Mutterliebe für die gesunde Entwicklung der Kinder bis ins Erwachsenenalter wird ständig – zu Recht – bemüht in der Diskussion um frühkindliche Entwicklung und Erziehung.

Dass aber die liebevolle Zuwendung des Vaters eine zentrale Bedeutung für die Persönlichkeitsentwicklung des Kindes haben kann, wird in jüngster Zeit durch immer neue Studien belegt.

In einer Meta-Studie (Analyse von 36 empirischen Studien weltweit) mit insgesamt weit über 10.000 Teilnehmern kommen Forscher der Unversität von Connecticut, USA, zu dem Ergebnis, dass Vaterliebe unter bestimmten Umständen sogar einen größeren Einfluss auf Charakter und Verhalten der Kinder, der Heranwachsenden und schließlich auch der Erwachsenen haben kann als die Liebe der Mutter.

Zurückweisung in der Kindheit führt zu Angst und Unsicherheit, zu abweisendem oder aggressivem Verhalten anderen gegenüber. Solche Kinder haben es als Erwachsene sehr schwer, sichere und vertrauensvolle Bindung an einen Partner einzugehen.

Kapitel 10

Schicksal und Schicksalsschlag

Wer nicht ans Schicksal glaubt, dem kann ich sagen, dass ich bis zu diesem Zeitpunkt auch nicht daran geglaubt habe.

Es war an einem schönen Sommertag 2017.

Eigentlich wollten wir nur unsere Tochter vom Kindergarten abholen, als mir aufgefallen ist, dass zwei süße Zwillingsjungs an der Treppe standen und etwas beobachtet haben.

Ich stellte mich also dazu und schaute mir an, was da so interessant war.

Es war ein wunderschöner weißer Falter mit schwarzen Punkten, der einfach nur da an der Treppe saß und sich nicht bewegte.

Plötzlich tauchte die Mama der beiden Jungs auf und in dem Moment war es um mich geschehen.

Ich sah sie und dachte mir wow!

Aber nach dem ich ja noch in einer Beziehung war, musste ich diesen Gedanken und diese wunderschöne Frau erstmal wieder vergessen!

Doch es kam anders als erwartet.

Das Schicksal wollte wohl unbedingt das wir uns wieder sehen!

Meine damalige Lebensgefährtin freundete sich also mit ihr an und plötzlich war diese wundervolle Frau bei uns zu Hause.

Wir unterhielten uns oft und ich merkte immer mehr, dass diese Frau etwas besonderes ist.

Plötzlich wollte ich jedes mal, wenn wir etwas unternommen haben, in ihrer Nähe sein.

Wollte das sie uns immer besuchen kommt oder wir sie besuchen gehen.

Und dann passierte etwas, dass mir eindeutig signalisierte, dass meine Gefühle zu ihr nicht nur einseitig sind.

Ich stand im Türrahmen ihrer Küche und sie am Kühlschrank und gab mir eindeutig zu verstehen, dass sie mich auch toll findet.

Als ich dann auch noch erfahren habe, dass sie sich von ihrem Mann getrennt hat, entschloss ich mich dazu, ihr eine WhatsApp zu schreiben und die Initiative zu ergreifen.

Aus schreiben wurde schnell stundenlanges telefonieren und dann dauerte es nicht lange, bis wir uns das erste mal alleine getroffen haben.

Es war unter Tags und es ist bis auf flirten erstmal nichts passiert.

Als ich sie küssen wollte, hat sie dies nicht mal zugelassen, was mich erstmal irritierte.

Doch als sie mir dann später wieder geschrieben hat und mir gesagt hat das sie mich eigentlich schon gerne

geküsst hätte, hätte ich in diesem Moment vor Glück
Bäume ausreisen können.

Wir verabredeten uns dann für Abends nochmal und
wie ihr euch vorstellen könnt, haben wir uns dann
natürlich auch geküsst.

Wir zogen uns langsam aus und hatten den
wunderschönsten Sex den man sich vorstellen kann!

Es war für uns beide etwas so besonderes und intensives,
dass wir beide sofort wussten, dass wir füreinander
geschaffen sind und das, dass zwischen uns absolut
magisch ist!

Wenn du denkst das du im Leben schon mal geliebt
hast und du dann merkst, dass du jetzt zum ersten Mal
ein Gefühl empfindest das 1000 mal stärker ist als alles
was du bisher kanntes, dann wirst du erst wissen, was
Liebe wirklich bedeutet!

Genau so war es bei uns beiden!

Ich habe mich also dazu entschieden meine
Lebensgefährtin und meine Tochter für die Liebe

meines Lebens zu verlassen, da ich kein doppeltes Spiel spielen wollte!

Für mich war klar, dass ist die Frau fürs Leben!

Wir trafen uns dann in den darauffolgenden 2 Wochen jeden Abend wenn ihre Jungs im Bett waren und verbrachten wundervolle Stunden miteinander.

Selbst als mein Stiefvater mit dem ich mich ja zwischenzeitlich ausgesöhnt und sehr gut verstanden habe angerufen hat, um mich vor die Wahl zu stellen, zwischen meiner Familie und ihr, habe ich mich für sie und die Jungs entschieden und den Kontakt zu ihm abgebrochen.

Nach diesen 2 Wochen, kam sie mich mit den Jungs in der Wohnung in der ich übergangsweise untergekommen war überraschend besuchen.

Sie wollte dieses Versteckspiel nicht mehr und sagte mir, dass ich einfach am nächsten Tag zum Frühstück kommen soll und dann gleich für immer da bleiben soll.

Mein Leben hätte in diesem Moment einfach nicht mehr schöner werden können!

Wir verbrachten einen schönen Urlaub zusammen.

Waren einfach nur absolut glücklich und ich nahm die Jungs an, als wären es meine eigenen Kinder.

Wir wollten heiraten und als Familie glücklich werden.

Doch dann kam alles anders!

Nach fast 3 Jahren Beziehung und mehreren Trennungen, beendete sie die Beziehung komplett!

Doch was war der Grund für die vielen Trennungen und die dann endgültige Trennung, wenn es doch so absolut magisch zwischen uns war und wir ja offensichtlich füreinander bestimmt waren?

Ich werde es euch sagen. ICH!!!

Es fing damit an, dass ich faul wurde!

Ihr kennt das sicherlich, wenn man eigentlich eine Stütze sein sollte aber lieber auf der Couch sitzt statt zu helfen!?

Dann kamen natürlich auch Themen wie Lügen und Geld hinzu.

Um hier nur ein Beispiel zu nennen:

Ich bestellte ein Parfum für sie zum Geburtstag auf ihren Namen und habe dann die Rechnung nicht bezahlt.

Als die Mahnung kam, erfuhr sie natürlich, dass ich nicht nur ihr Parfum nicht bezahlt habe, sondern dieses auch noch ohne ihr Wissen auf ihren Namen bestellt habe.

Zu dieser Geschichte kamen noch viele weitere hinzu und leider auch Dinge, die zwar nicht direkt sie betroffen haben, ich ihr aber trotzdem aus Angst sie zu verlieren nicht erzählt habe.

Egal was zwischen uns vorgefallen ist, wir fanden trotzdem immer wieder zusammen!

Also zumindest bis zur aktuell letzten Trennung!

Ich habe mir nach der Trennung so viele Dinge erlaubt und es kamen so viele meiner Lügen raus, dass wir zum Schluss sogar soweit waren, dass sie zur Polizei gegangen ist, um ihre Ruhe vor mir zu haben.

Doch was ist passiert?

Nach der Trennung habe ich eine solche Angst und Eifersucht entwickelt, dass ich sie erstmal mit unserer Alexa abgehört habe und mich dabei habe erwischen lassen und anschließend auf unserer Terrasse gelauscht habe als sie Besuch von ihrem besten Freund hatte und ich auch dabei wieder erwischt wurde.

Sie blockierte mich natürlich auf WhatsApp und wollte eigentlich nichts weiter als ihre Ruhe haben.

Doch ich wollte mich unbedingt entschuldigen und wollte sie unbedingt zurück, weshalb ich sie mit SMS bombardiert habe.

Ich kaufte Geschenke und legte sie ihr vor die Türe und ich beobachtete sie immer wieder weil ich den Gedanken nicht ertragen konnte sie zu verlieren!

Und genau so kam es, dass sie irgendwann zur Polizei gegangen ist!

Im Nachhinein betrachtet vollkommen verständlich!

Ich steckte den Kopf in den Sand, wie ich es ja immer gerne getan habe und verlor dadurch absolut alles was ich noch hatte!

Ich verlor meinen Job, wurde krank und konnte das Zimmer das ich seit der Trennung hatte nicht bezahlen.

Ich musste das Zimmer also aufgeben und lebte 10 Tage lang in meinem Auto.

Ich weinte viel und bemitleidete mich selber!

Ich besuchte dann mehrere Psychologen und unterhielt mich viel mit meiner Mutter und Freunden und schaffte es, endlich zu verstehen, dass ich ganz alleine für alles verantwortlich bin und vor allem für mein Leben und mein Glück ganz alleine verantwortlich bin!

Ich fand einen neuen Job und eine kleine Wohnung, die ich mir mit Hilfe von Ebay Kleinanzeigen und der Hilfe meiner Familie langsam eingerichtet habe.

An dieser Stelle möchte ich mich bei meinem neuen Chef und seiner Frau bedanken, dass sie mir dies überhaupt ermöglicht haben und so viel Verständnis für mich gezeigt haben!

Ich erledigte alle Dinge die ich bisher nur vor mir hergeschoben habe und bin aktuell zwar noch immer sehr traurig und vermisse meine Ex und meine Jungs aber gleichzeitig auch sehr glücklich, dass ich mich jetzt wieder selbst liebe und angefangen habe mein Leben wieder in den Griff zu bekommen.

Hier die Liste der Dinge von denen ich teilweise sogar behauptet hatte, sie schon erledigt zu haben:

- Privatinsolvenz
- Zimmer bezahlen
- eigene Wohnung
- neuer Job
- etwas Geld sparen
- mich bei allen entschuldigen
- ein geregeltes Leben führen
- Spielsucht behandeln lassen
- mich mehr um meine Kinder kümmern
- Eifersucht behandeln lassen
- Mein Buch schreiben

Für mich ist das zwischen uns noch immer magisch und meine Gefühle haben sich in den letzten Monaten kein bisschen verändert aber ich akzeptiere jetzt, dass ich nichts erzwingen kann!

Wenn es das Schicksal es so will, wird es uns wieder zusammen führen!

Jedenfalls möchte ich mich für alle Lügen und mein respektloses Verhalten entschuldigen!

!

Erwarte nicht, dass Andere dich respektieren, wenn du dich nicht selber respektieren kannst.
Respekt fängt mit dir an!

Jede erfolgreiche Beziehung ist nicht nur mit Liebe gebaut, sondern auch mit Respekt und Vertrauen.

Zwei Sprüche, die richtiger nicht sein könnten.

Leider vergessen wir in einer längeren Beziehung oft, dass es genau die Dinge sind, die für das Gelingen einer Beziehung entscheidend sind!

Es geht nicht um Sex, Spaß oder Geld!

Es geht um Liebe, Vertrauen und Respekt!

Nachwort

Dieses Buch ist aus Liebe entstanden und ich hoffe, dass es einigen von euch helfen kann, nicht die gleichen Fehler zu machen wie ich!

Erspart euch die Trauer und das Leid und macht es gleich richtig!

Erkennt euren Wert und das Dinge wie Selbstliebe und Vergebung, elementar wichtig sind um den richtigen Weg einschlagen zu können.

Ich danke euch für euer Vertrauen und dafür, dass ihr mein Buch gelesen habt.

Feedback zu meinem Buch könnt ihr mir gerne an meine gleich folgende Mailadresse schicken.

In Liebe

Roberto